Marion Weber

Seidenmalerei mit Bügelfarben

Ravensburger Ratgeber
im Urania Verlag

Inhalt

Vorwort

Seidenmalerei ist eine faszinierende Technik für Hobbymaler und Künstler.

In diesem Buch zeige ich Ihnen die Möglichkeiten auf, die Sie mit bügelfixierbaren Seidenmalfarben haben.

Bügelfixierbare Farben haften durch ein darin enthaltenes Bindemittel sehr fest am Seidengewebe, sobald die Malerei getrocknet ist. Bei Dampffixierfarben trifft das nicht zu, doch Sie können die in diesem Buch gezeigten Techniken auch mit diesen Farben umsetzen.

Meine langjährigen Erfahrungen im Verkauf von Seidenmalzubehör und mit Teilnehmern an meinen Kursen haben gezeigt, dass die meisten Anfänger mit Bügelfarben zu malen beginnen und ein großer Erklärungsbedarf hinsichtlich dieser Farbart besteht. Die Bügelfarben werden gegenüber den Dampffixierfarben oft als zweitklassig eingestuft, was sie nicht sind, wenn sie richtig eingesetzt werden.

Ich möchte Ihnen zeigen, was mit Bügelfarben alles machbar ist – die Methoden reichen vom freien Malen über Aquarelltechnik, Konturentechnik, Salztechnik, Malen ohne Rahmen, Drucken bis zur Mikrowellentechnik. Die vorgestellten Verwendungsmöglichkeiten sind vielfältig: Tücher, Schmuck und Wohnraumdekor werden ebenso berücksichtigt wie Bilder und Karten.

Es ist mir ein besonderes Anliegen, die kleinen Tipps und Tricks, die beim Gelingen einer Arbeit hilfreich sind, an Sie weiterzugeben.

Lassen Sie sich von der Seide und den Farben zu einem herrlichen Hobby verführen.

Ich möchte Ihnen Mut machen, zu experimentieren und die gezeigten Techniken für Ihre eigenen Kreationen individuell umzusetzen.

Alle Techniken werden Schritt für Schritt erklärt, sodass sich Einsteiger gut zurechtfinden können, das Buch als Nachschlagewerk aber auch für Fortgeschrittene geeignet ist.

Viel Spaß und Freude beim Malen und ein gutes Gelingen beim Entdecken Ihrer eigenen Fähigkeiten und Techniken wünscht Ihnen

Ihre Marion Weber

Werkzeug und Material

FARBEN

Die so genannte Bügelfarbe ist eine Pigmentfarbe, deren Pigmente durch trockene Hitze, Bügeleisen oder Backofen mit der Seide »verklebt« werden. Diese Farbpigmente schwimmen in der Flüssigkeit. Steht die Farbe über einen längeren Zeitraum, setzt sie sich ab und muss vor Gebrauch aufgerührt werden. Die Pigmente färben die Seide, indem sie die Faser umschließen. Dadurch wird die Seidenfaser etwas verstärkt. Das ergibt bei stark eingefärbter Seide einen festen Griff und bei ungenügender Fixierung einen knitterigen Eindruck an dunklen, einfarbigen Flächen. Bei richtiger Handhabung der Farben lassen sich jedoch sehr gute Ergebnisse erzielen.

Die Farben sind untereinander mischbar und werden mit Wasser verdünnt. Einmal eingetrocknete Farben, z. B. in Mischpaletten, lassen sich nicht wieder auflösen. Zum Fixieren der Farben s. Seite 46.

PINSEL

Für kleine Malereien ist ein Marderhaarpinsel Nr. 6 geeignet. Er nimmt die Farbe gut auf und kann über seine feine Spitze nach Bedarf nur wenig Farbe abgeben. Zum Malen auf großen Tüchern sind Ponyhaarpinsel (schwarze Haare) mit flacher Zwinge sehr gut geeignet. Für Aquarellmalereien und Farbverläufe eignen sich Ponyhaarpinsel ab Nr. 10 mit abgestuften oder gerade geschnittenen Haaren besonders gut.

Eine sorgfältige Pinselpflege garantiert ein langes Leben der Pinselhaare:
• Stellen Sie den Pinsel niemals mit der Spitze nach unten in ein Wasserglas. Die Haare verformen sich oder brechen ab.
• Waschen Sie den Pinsel nach dem Malen gut aus. Es dürfen keine Farbrückstände im Pinsel bleiben, die darin antrocknen und bei einer späteren Malerei als Krümel auf der Seide erscheinen.
• Pinsel beim Malen niemals »schieben« oder stupfen, die Haare können brechen.
• Die Pinsel stehend mit der Spitze nach oben in einem Glas aufbewahren, in ein Tuch oder eine Pinselmatte wickeln.
• Kleine, spitze Pinsel auf einem Papiertaschentuch zum Trocknen abrollen, damit die Spitze erhalten bleibt.

SONSTIGE MATERIALIEN UND WERKZEUGE

• Folie: Zum Abdecken der Arbeitsfläche und als Unterlage beim Malen ohne Rahmen.

• Papiertaschentücher: Eignen sich hervorragend zum Aufsaugen von Feuchtigkeit.

• Flaschendeckel: Kleine Behältnisse sind besser geeignet als Mischpaletten, da die Farben einzeln in die Originalgläser zurückgegeben oder beim Malen auch einmal in die Hand genommen werden können.

• Pipetten: Zum Mischen, Auftropfen und Abfüllen von Farben.

• Föhn: Zum Trocknen der Seidenmalerei. Zum Fixieren von Malereien, die nicht gebügelt oder im Backofen fixiert werden können.

• Transparentpapier: Zum Abpausen der Vorzeichnungen aus dem Buch.

• Signierstift: Schwarzer Stoffmalstift zum Kennzeichnen der Malereien und Aufmalen von Details der Aquarellmalerei.

• Stempel: Zum Drucken mit Konturenfarben.

• Schwämme: Zum Auftragen der Konturenfarben auf den Stempel.

• Für die Weiterverarbeitung zu Bildern und Schmuckstücken benötigen Sie: Bügelvlies, Lampenschirmfolie, zwei- oder dreiteilige Schmuckrohlinge, Klebefolie, Schere, Passepartoutkarten, Doppelkarten, Klebestift und Peel Offs.

Weitere Materialien werden detailliert bei der Beschreibung der einzelnen Techniken angeführt.

SEIDENSTOFFE

Seidenstoffe sind als Meterware, rollierte (gesäumte) Tücher und Schals und als fertig konfektionierte Ware im Handel erhältlich. Die Seide unterscheidet sich durch ihre Webart und das Gewicht. Dies wird bei Seide in »Momme« gemessen. Ein Momme sind 4,4 Gramm, so wiegt ein Pongé 05 Tuch 5 Momme, das entspricht 22 Gramm pro Quadratmeter. Leichte Seidenstoffe sind für die Seidenmalerei mit Bügelfarben am besten geeignet.

In den Geschäften mit Seidenmalzubehör erhalten Sie reine Seiden, die nicht vorbehandelt sind. Appretur jedoch verhindert das Eindringen der Farben in die Seide, daher muss sie aus vorbehandelten Seiden vor der Bemalung ausgewaschen werden. Verarbeiten Sie Seidenstoffe zu Kleidungsstücken, ziehen Sie den Stoff vor dem Zuschneiden durch heißes Wasser, da Seide unterschiedlich stark einläuft.

Jede Seide lässt die Farben anders fließen. Auf dünnen Seiden breitet sich die Farbe leicht aus. Auf schweren Seiden sind die Farben intensiver, fließen jedoch nicht so gut.

In diesem Buch verwendete Seidenarten:

- Pongé-Seiden sind glatte Seidenstoffe, die sich für alle Seidenmaltechniken eignen. Sie werden in Gewichten von 05 bis 14 Momme angeboten und sind recht preisgünstig. Die Farbe fließt auf ihnen gut und das Konturenmittel dringt leicht ein. Für die Maltechniken werden vor allem Pongé 05 und 06 verwandt. Für die »Knautschtechnik« verwendet man Pongé von 08 Momme aufwärts, da ab diesem Gewicht die nötige Saugfähigkeit besteht und die Pigmente die Seide nicht verkleben.
- Crêpe Satin-Seide hat eine stark glänzende Oberseite und eine matte Unterseite. Ab einem Gewicht von 12,5 Momme ist diese Seide recht schwer und eignet sich besonders für die »Knautschtechnik«, Malen ohne Rahmen und die Mikrowellentechnik.
- Seidenchiffon ist ein sehr dünnes, transparentes Gewebe. Es eignet sich für alle Techniken. Beim Malen ohne Rahmen mit stark verdünnten Farben arbeiten, da die Seide ansonsten verklebt.

UMGANG MIT VORLAGEN

Das Motiv sollte immer 2–3 cm kleiner sein als die Seide, da durch das Aufspannen auf den Rahmen ein Teil der Malfläche verloren geht.

Es gibt mehrere Möglichkeiten, um Vorlagen auf die Seide zu übertragen:

1. Kleben Sie die Malvorlage auf den Tisch, legen Sie das Seidentuch darauf, kleben Sie es ebenfalls fest und zeichnen Sie die Linien mit einem weichen Bleistift oder einem Phantomstift (Sublimatstift) nach. Der Phantomstift hat den Vorteil, dass die Linien durch Feuchtigkeit verschwinden. Er muss aber sofort mit Konturenmittel nachgezogen werden, da er nach 24 Stunden nicht mehr zu sehen ist. Spannen Sie dazu das Seidentuch auf den Rahmen.

2. Legen Sie den Rahmen mit dem aufgespannten Tuch umgekehrt auf die Vorlage und zeichnen Sie die Linien nach. Dazu müssen Sie die Seide mit Dreizackstiften aufspannen und bedenken, dass die Malerei seitenverkehrt erscheint.

3. Befestigen Sie die Malvorlage von hinten an der aufgespannten Seide und zeichnen Sie die Linien nach. Entfernen Sie nun die Vorlage.

Die Vorzeichnung jeweils mit farblosem Konturenmittel oder mit Konturenfarbe nachziehen.

Durch dünne Seidenstoffe scheint eine auf dem Tisch liegende, mit dicken, dunklen Strichen gezeichnete Vorlage durch. Dadurch können Sie sich das Vorzeichnen sparen und mit dem Konturenmittel oder der Konturenfarbe die Linien gleich auf die Seide aufmalen.

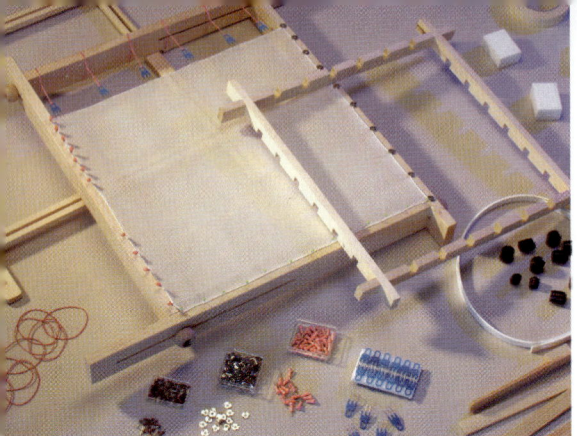

RAHMEN

Zum Malen muss die Seide straff auf einen Rahmen gespannt werden. Rahmen werden in verschiedenen Systemen angeboten:

1. Der Steckrahmen: Er hat eingesägte Aussparungen im Abstand von 4–5 cm, kann also zu vielen Formaten zusammengesteckt werden. Wegen dieser festen Einteilung kann die Seide während des Malens nicht nachgespannt werden. Auch passt nicht jedes gesäumte Seidentuch darauf. Dieser Rahmen eignet sich für Meterware und kleine, zugeschnittene Seidenstücke für Bilder und Karten.

2. Der einfache, stufenlos verstellbare Spannrahmen: Er besteht aus vier flachen Holzleisten mit Schlitzen und losen, langen Schrauben mit Flügelmuttern. Der Rahmen bildet zusammengesetzt zwei Steckebenen. Auf den oben liegenden Leisten wird die Seide dicht mit den Spannnadeln aufgesteckt (Zeichnung 1). Auf den unteren liegenden Leisten wird die Seide an drei Punkten fixiert. Da die aufgespannte Seide einen geringen Abstand zur Arbeitsfläche hat, muss der Rahmen mit kleinen Styroporklötzchen unterlegt

werden, da sonst die Mitte des Tuches beim Malen auf den Tisch gedrückt wird. Die Seide kann während des Malens nachgespannt werden. Dieser Rahmen ist stufenlos verstellbar und kann auf jede beliebige Größe eingestellt werden.

3. Der »Profi«-Rahmen, die »Windmühle«: Er besteht aus vier hohen Holzleisten mit Schlitzen und eingelassenen Schrauben mit Flügelmuttern oder Holzknopfmuttern. Der Rahmen bildet zusammengesetzt eine Steckebene. Die Seide wird rundherum gleichmäßig dicht aufgesteckt (Zeichnung 2). Sie kann während des Malens nachgespannt werden. Dieser Rahmen ist besonders gut geeignet für alle Malereien, die eine feste Spannung benötigen. Er ist stufenlos verstellbar und kann auf jede beliebige Größe eingestellt werden.

4. Der Kissenspannrahmen: Ein Spezialrahmen für fertig genähte Kissenbezüge in der Größe 40 x 40 cm. Er wird in den Bezug gespannt, sodass Vorder- und Rückseite getrennt bemalt werden können. Entgegen den Herstellerangaben keine Folie an die Leisten heften – wird die Folie beim Malen feucht und trocknet langsamer als die Malerei, gibt es Flecken auf der Seide!

SPANNNADELN

• Dreizackstifte: Sie haben einen großen Kopf, ähnlich wie Reißzwecken, mit drei kleinen Zacken an der Unterseite. Sie eignen sich vor allem zum Aufspannen von Meterware für Bilder, Karten und Kleidungszuschnitte. Für rollierte (gesäumte) Tücher sind sie nicht geeignet, da sich kleine Löcher und hellere Farbflächen unter den Metallköpfen bilden. Ausnahme: zum Bedrucken aufgespannter Seide. Dabei mit einer Zacke über den Rollsaum greifen, die zwei anderen Zacken ohne Seide in das Holz drücken.

• Spannnadeln (Markierungsnadeln): Eine preiswerte Variante zum Aufstecken von rollierten Tüchern. Direkt in den Saum gesteckt, lassen sich die Tücher bis zum Rand sauber bemalen. Der Nachteil liegt in den kleinen Köpfen, die sich beim Abspannen leicht lösen, sodass die Nadel dann mit der Zange aus dem Holz gezogen werden muss.

• Stoßnadeln: Am besten geeignet, da sie sich nicht verbiegen und durch die großen Köpfe leicht ins Holz drücken lassen. Ebenfalls in den Rollsaum stecken.

• Spannkrallen: Sie ermöglichen, das Seidentuch so aufzuspannen, dass es nicht auf dem Rahmen aufliegt. Sie benötigen allerdings einen Rahmen, dessen Leisten 20 cm länger sind als das Tuch und gleichlange, starke Spanngummis.

DAS AUFSPANNEN DER SEIDE

Fest aufgespannte Seide ist für eine erfolgreiche Arbeit unbedingt erforderlich. Stecken Sie die Nadeln in einem Abstand von 3–6 cm. Dies ist besonders wichtig, wenn Sie gerade Konturenlinien am Rand malen. Wird die Seide straff gespannt, und die Nadeln stecken in weitem Abstand, entstehen Spannbögen. Der Effekt: entweder wird die gerade, farblose Konturenlinie nach dem Ausspülen wellig und der Rollsaum glatt, oder der Rollsaum bleibt bei einer farbigen Konturenlinie wellig, da die Kontur die Seidenfaser festhält.

AUFSPANNEN

1. Einfacher Spannrahmen

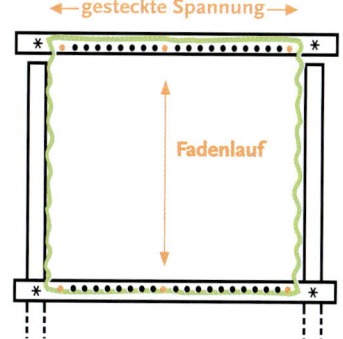

◄— gesteckte Spannung —►

Fadenlauf

● **erste Stecknadeln für die Spannung**
● **Rollsaum feststecken**
〰 Tuch

Nach dem Aufstecken das Tuch in Fadenlaufrichtung spannen. An den Seiten mit 3 Nadeln fixieren.

2. »Windmühle«

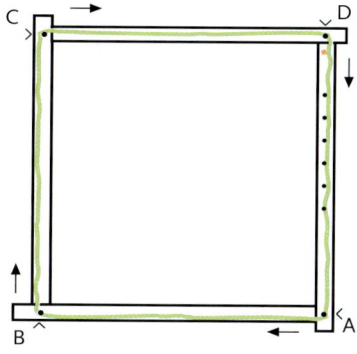

● **erste Nadeln**
↓ **Steckrichtung**

Während des Steckens den Rahmen einstellen und somit die Seide spannen.
A: Erste Schraube feststellen, nachdem die Ecknadel gesteckt wurde.
B, C: Schrauben jeweils nach dem Stecken der Ecknadel feststellen.
D: Spannen, bevor die letzte Seite gesteckt wird.

9

Farben mischen – Farbübergänge – Freies Malen

Von links oben nach rechts unten:

1. FARBE GLEICHBERECHTIGT NASS AN NASS

Werden die Farben gleichmäßig und direkt nebeneinander gemalt, gibt es einen glatten Farbverlauf, die Farben vermischen sich nur ganz leicht miteinander. Arbeiten Sie mit parallelen, waagerechten Pinselstrichen und tupfen Sie überschüssige Farbe mit einem Papiertaschentuch ab.

2. FARBE NASS GEGEN LEICHT ANGETROCKNET

Wird eine Farbe gegen eine nur leicht angetrocknete Farbe gemalt, wird die erste vertrieben und es bleibt ein angetrockneter Rand stehen. Der Farbverlauf verschiebt sich unregelmäßig.

3. WASSER IN FRISCH AUFGETRAGENE FARBE

Wird das Wasser sofort in die feuchte Farbe gemalt, entstehen verschwommene Formen.

4. WASSER IN LEICHT ANGE-TROCKNETE FARBE

Ist die Farbe etwas angetrocknet, hat Sie sich »abgesetzt«, erzeugt das eingesetzte Wasser einen Pigmentrand.

5. MALEN AUF EINGEFÄRBTEM, NASSEM UNTERGRUND

Werden die Farben sofort ineinander gemalt, entstehen verschwommene Formen.

6. MALEN AUF EINGEFÄRBTEM, TROCKENEM UNTERGRUND

Getrocknete Farbe löst sich nicht mehr an. Pigmente haben die Seidenfaser umhüllt und die Seide »versiegelt«. Wird eine Farbe auf einen getrockneten Untergrund gemalt, verläuft sie nicht und vermischt sich nicht mit der Untergrundfarbe. Klare Konturen können auch ohne Trennmittel erzielt werden.

7. FARBEN MISCHEN

Aus den Grundfarben Rot, Gelb und Blau können Sie alle Farbtöne mischen: aus Gelb und Blau wird Grün; aus Rot und Gelb wird Orange; aus Blau und Rot wird Violett.

Brauntöne entstehen, wenn Sie die drei Grundfarben zusammenmischen. Mit Schwarz können Sie Farben abdunkeln, mit Wasser aufhellen.

Achtung: Beim Mischen der Farben zuerst den hellen Farbton in ein Misch-gefäß geben und den dunkleren Farbton beimischen. Bei der Herstellung von Pastellfarben zuerst das Wasser und dann die Farbe hineingeben. Verfahren Sie um-gekehrt, verbrauchen Sie zu viel Farbe, um den gewünschten Farbton zu erreichen.

Verwenden Sie zum genauen Mischen bei kleinen Farbmengen eine Tropfpipette, bei größeren einen Messbecher.

8. FARBVERLÄUFE

(s. Seite 11 rechts unten)

Oberer Balken: 2/3 Gelb und 1/3 Blau.

Mittlerer Balken: 1/3 Rot und 2/3 Gelb.

Unterer Balken: 1/2 Blau und 1/2 Rot.

Generell können Farben in der Seidenmalerei nicht durch Übermalen aufgehellt
werden. Deshalb gilt bei Farbverläufen die
Regel: Dunkel in Hell. Wollen Sie eine
Farbe von hell nach dunkel malen oder
zwei Farben ineinander übergehen lassen,
malen Sie zum überwiegenden Teil den
helleren Farbton oder das Wasser auf die
Seide. Den kleineren Teil füllt die dunklere
Farbe aus. Sodann den Pinsel auswaschen,
gut trocknen und den dunkleren Farbton
weich in die hellere Fläche ziehen. Arbeiten
Sie mit waagerechten, parallelen Pinselstrichen. Solange Sie malen, darf die Farbe
nicht antrocknen. Verwenden Sie für
große Flächen einen dicken und breiten
Pinsel.

Konturentechnik

KONTURENTECHNIK ALLGEMEIN
Konturentechnik bedeutet, Flächen zu unterteilen und für bestimmte Farben zu reservieren.

Diese Reservierung kann mit farblosen Konturenmitteln oder mit Konturenfarben vorgenommen werden. Beide sind in Tuben und – zum Abfüllen in Malflaschen – in Gläsern erhältlich. Tuben haben immer dieselben Spitzen. Auf die Malflasche (Pipettenflasche oder Liner) lassen sich Spitzen, so genannte Federn (Pens), in unterschiedlichen Stärken aufschrauben. Das Gewinde der Feder wird in die Kunststoffspitze der Flasche eingedreht. Federn werden in den Stärken 0,3 mm, 0,5 mm, 0,7 mm und 0,9 mm angeboten. Für Konturenmittel ist die Stärke 0,5 mm, für Konturenfarben die Stärke 0,9 mm ideal. Der Vorteil der Malflaschen besteht darin, durch unterschiedlichen Druck auf die Flasche die Strichstärke bestimmen zu

können. Selbst mit einer 0,9 mm-Spitze lassen sich feine Linien ziehen. Beim Ziehen langer Linien verkrampft und zittert die Hand, wenn Sie eine zu kleine Feder gewählt haben.

Die Konturen sollten gleichmäßig aus der Feder fließen. Halten Sie deshalb den Liner schräg in der Hand, wie einen Stift, und ziehen Sie ihn immer von der bereits gezogenen Linie weg. Lange Linien ziehen Sie am besten im Stehen. Dabei den Malarm anspannen und die Linie mit dem Körperschwung zum Körper hin ziehen – dies ist leichter, als eine Linie vom Körper weg zu ziehen. Visieren Sie einen Zielpunkt an und verfolgen Sie nicht ängstlich den Verlauf der Linie – der Zielpunkt zieht den Liner geradezu »magisch« an. Während des Ziehens einer Kontur den Vorgang nicht unterbrechen – auch wenn, verursacht durch eine Luftblase, eine Lücke entsteht! Diese Lücke schließen, wenn die Linie zu Ende gezogen ist. So vermeiden Sie noch weitere Linienansatzpunkte. Um Luftblasen zu verhindern, vor dem Start die Luft aus dem Flaschenhals drücken und während des Malens einen gleichmäßigen Druck auf die Flasche ausüben, sodass keine Luft einziehen kann.

Für eine fehlerfreie Konturenmalerei müssen Sie Folgendes beachten:

1. Die Konturen dürfen keine Lücken haben. Zur Kontrolle betrachten Sie die Malerei von der Rückseite über einem

dunklen Untergrund. Nicht ganz einge-sunkene Linien müssen von der Rück-seite geschlossen werden, sonst »kriecht« die Farbe unter der Kontur hindurch.

2. Die Konturenlinie ist wie ein Deich. Wenn zu viel Flüssigkeit eingesetzt wird, läuft er über.

3. Steht die wasserlösliche Konturenlinie zu lange in nasser Farbe, löst sie sich auf. Soll die Farbfläche dunkler werden, die Fläche nach dem Trocknen ein zweites Mal übermalen.

4. Damit nicht aus Versehen mit dem Pinsel über die Kontur gemalt wird, die Farbe nur an die Kontur heranlaufen lassen.

5. Beim Ausmalen mit der hellsten Farbe beginnen. Konturen ausgelaufener Flächen nachträglich schließen und die angrenzende Fläche mit einer dunkleren Farbe übermalen.

Lassen Sie das Konturenmittel vor dem Ausmalen 2–3 Stunden an der Luft trock-nen oder beschleunigen Sie den Prozess mit dem Föhn. Farblose Konturen werden nach dem Fixieren (s. Seite 46) wieder ausgewaschen, die Untergrundfarbe er-scheint wieder und die Linien sind nicht mehr zu spüren. Farbige Konturen bleiben nach dem Fixieren auf der Seide, sie sind als feste Linie zu fühlen.

BILDEINTEILUNG

Ein gleichmäßig ausgemalter Hinter-grund ist für eine saubere Konturen-malerei wichtig. Entsteht beim Ausmalen einer großen Fläche ein Pigmentrand und trocknet dieser an, lässt er sich nicht

mehr auflösen. Teilen Sie den Hinter-grund deshalb in kleine Teilflächen ein; auf diese Weise können die Abschnitte ohne Gefahr von Trockenrändern ausge-malt werden. Lässt sich das Motiv nicht einteilen, muss in zwei Richtungen ge-malt werden, um ein Antrocknen der Farbe zu verhindern.

Motiv frei in der Fläche, durchgehender Rand

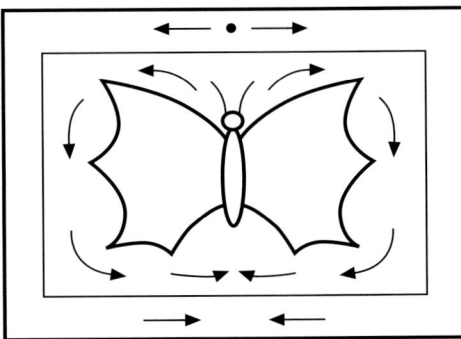

In beide Richtungen malen

Hintergrundfläche eingeteilt, Rahmen unterteilt

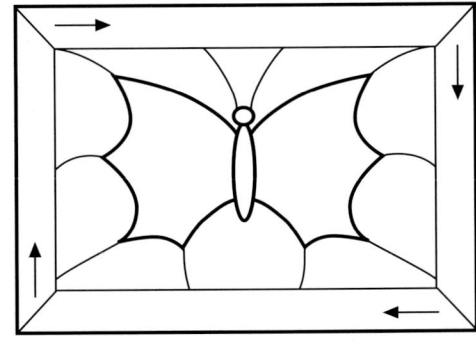

In eine Richtungen malen

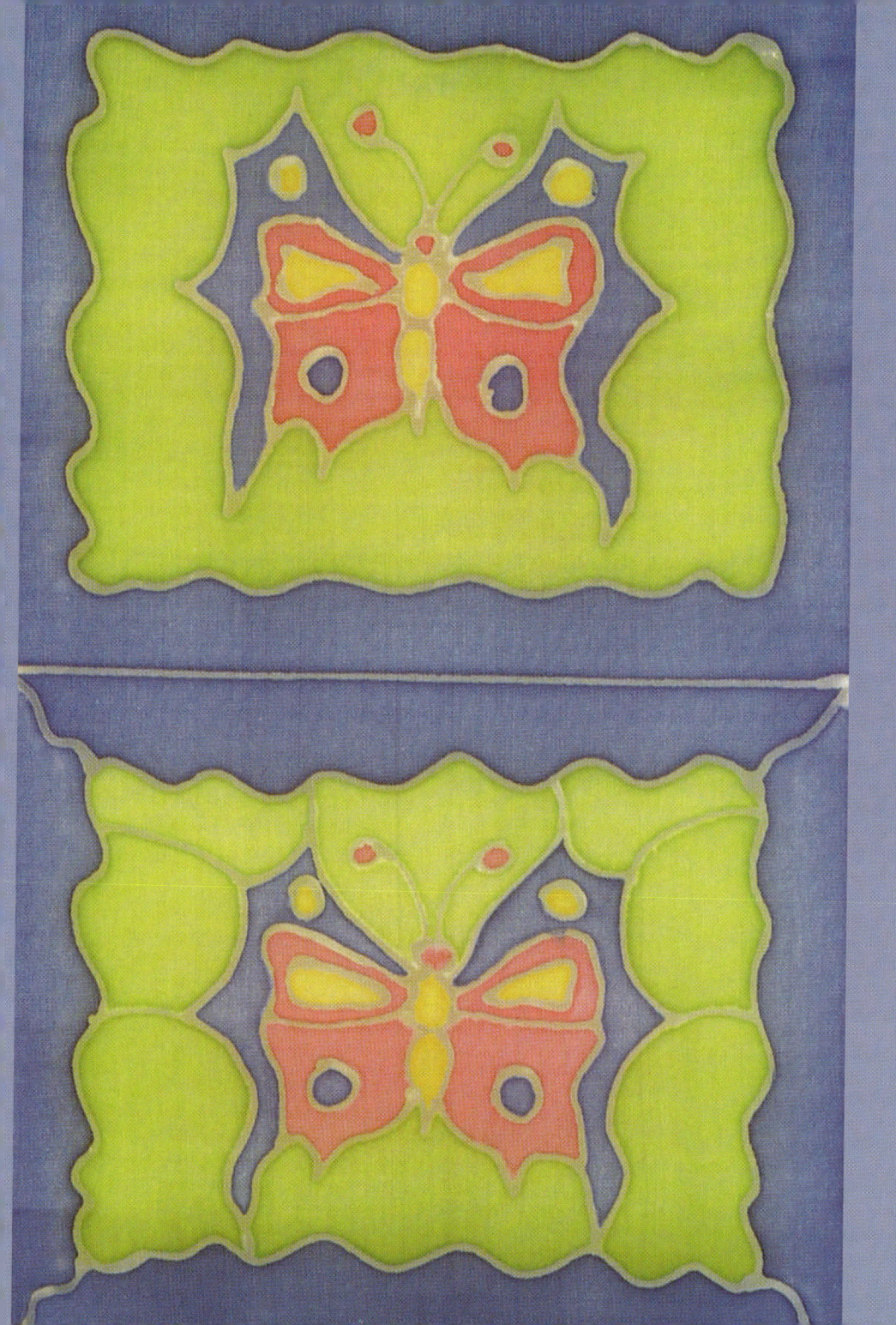

AUSMALEN VON FLÄCHEN UND RÄNDERN

Die Farbe muss Strich für Strich überlappend aufgetragen werden. Gemischte Farbtöne in ausreichender Menge herstellen, um Unterbrechungen beim Ausmalen zu vermeiden.

Für fehlerfreies Ausmalen von Flächen ist Folgendes zu beachten:

1. Wird ein konturiertes Feld oder der Rollsaum zu nass bemalt, entsteht ein »Rückstoß«, die Feuchtigkeit kommt vom Rand zurück und es bilden sich hellere Flächen. Überschüssige Nässe mit einem Papiertaschentuch abziehen und Rollsäume mit dem Tuch ausdrücken.

Achtung: Bei der Randbemalung den Farbpinsel nicht auf dem Rollsaum ansetzen, sondern die Farbe von der Fläche in den Saum ziehen lassen und mit einem fast trockenen Pinsel restliche helle Stellen bemalen.

2. Um das Entstehen dunkler Ränder in der Fläche zu vermeiden, ein reserviertes Feld in einer Richtung bemalen. Den Farbstrich feucht halten, bis das Feld ausgemalt ist. Die Farbstriche nicht nebeneinander setzen, sondern die neue Pinselfüllung in dem vorherigen Farbauftrag ansetzen. Den Pinsel nicht bis zum letzten Tropfen ausmalen. Je nasser Sie vor neuer Farbaufnahme aufhören, desto leichter können Sie Farbe ohne Trockenränder auftragen. Ohne Pause arbeiten. Kleinere Unregelmäßigkeiten in ausgemalten Flächen nicht ausbessern, wenn die Farbe schon etwas angetrocknet ist.

3. Entstehen helle Streifen in der Fläche, ist der Pinsel vor der ersten Farbaufnahme nicht vollständig getrocknet worden oder die Farbe wurde in großen Abständen aufgetragen.

4. Beim Aquarellieren von Flächen zuerst die helle Farbe (Wasser) einsetzen und die dunklere Farbe hineinmalen.

Merke: Eine helle Fläche lässt sich leicht nachdunkeln, eine dunkle Fläche nur schwer aufhellen.

Achtung: Nicht erwünschte feuchte Farbflecken auf getrockneter Farbe sofort auswaschen. Bei aufgespannten Tüchern mit einem Wattestäbchen oder Wasserpinsel. Entsteht der Fleck beim Abspannen durch einen Farbfleck auf der Arbeitsfläche, unter einem Wasserhahn ausspülen.

16

Salztechnik

SALZTECHNIK ALLGEMEIN

Für die Seidenmalerei wird Effektsalz in unterschiedlicher Körnung angeboten. Es kann aber auch normales Speisesalz verwendet werden. Wird beides gemischt, lassen sich sehr schöne Effekte erzielen. Das Salz muss auf die feuchte Farbe gestreut werden. Während der Trockenzeit nimmt das Salz Feuchtigkeit und gelöste Farbe auf. Farbpigmente sammeln sich unter den Körnern und bilden konzentrierte Farbpunkte. Es entstehen bizarre, ausgewaschene Formen. Sie können die Wirkung steuern, indem Sie die Körnchen unterschiedlich aufstreuen – einzelne Körner, Häufchen, Kreise, Reihen. Das Salz kann bestimmte Mischfarben in seine einzelnen Farbanteile zerlegen, ein Grünton etwa kann sich durch Salz in Blau und Gelb verwandeln. Die Saugkraft des Salzes hat seine Grenzen. Auf zu nasser Seide »ertrinkt« es; je größer die Farbmenge, umso geringer der Salzeffekt. Auf dunklen Farben ist die Wirkung besser als auf hellen.

MATERIAL

Seidenmalrahmen,
Kreppklebeband, Stoßnadeln,
Pongé 05 Seidentücher
(90 x 90 cm),
1–5 Seidenmalpinsel Gr. 14,
Effektsalz, drei Wasserbecher,
Lappen,
Farben: Türkisblau dunkel,
Mittelblau, Ultramarinblau dunkel,
Mittelgelb

BLÜTEN IN SALZTECHNIK

Spannen Sie das Seidentuch auf einen Spannrahmen. Benutzen Sie nach Möglichkeit für jede Farbe einen eigenen Pinsel, so sparen Sie Farbe und Zeit, da das Ausspülen beim Farbwechsel entfällt. Malen Sie mit Farbe und Wasser eine Blüte nach der anderen. Beginnen Sie mit dem Mittelpunkt und lassen Sie die Blüte wachsen. Der äußere schmale Farbrand der großen, runden Blüten entsteht, wenn Sie den Farbkreis mit dem Wasserpinsel von innen nach außen vertreiben. Ist die Blüte fertig gemalt, das Salz auf die noch feuchte Farbe aufstreuen (siehe Zeichnung). Nun das Tuch am Saum mit einem dunkelbraunen Farbrand umrahmen. Innerhalb des Farbstreifens mit einem Wasserpinsel die Farbe aufhellen. Das Wasser treibt die Farbpigmente zu einem gezackten Rand zusammen. Nun die Blätter malen und Salz aufstreuen (siehe Zeichnung). Verteilen Sie die Blätter zwischen den Blüten so, dass der Hintergrund dabei in kleine Flächen aufgeteilt wird und so einfacher auszumalen ist. Das Tuch nochmals umrahmen: einen zweiten, türkisen, Farbrand in den ersten malen und wiederum mit Wasser vertreiben.

Nun den Hintergrund mit verdünnter Farbe ausmalen. Dabei die Regeln zum Ausmalen von Flächen beachten (s. Seite 16). Die Ränder der angetrockneten Blüten und Blätter bilden eine natürliche Grenze. Wenn Sie die Hintergrundfarbe nicht zu triefend malen, stoppt sie am getrockneten Pigmentrand. Haben Sie einmal zu viel Farbe benutzt, tupfen Sie sie mit einem Papiertaschentuch ab. Nachdem alles getrocknet ist, das Salz mit einer Pappe zusammenschieben und bis zum nächsten Gebrauch in ein Behältnis füllen. Auch schon benutztes, farbiges Salz kann wiederverwendet werden. Da die bügelfixierbaren Farben nach dem Trocknen nicht mehr abfärben, kann auch dunkles, trockenes Salz auf hellen Flächen benutzt werden.

SALZVERTEILUNG / UNTERSCHIEDLICHE BLÜTENEFFEKTE

Blüte 1

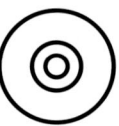

a) Salz am äußeren Rand und in der Blütenmitte
b) Salz nur in der Mitte

Blüte 2

a) Salz auf den Blättern
b) Salz in der Blütenmitte
c) Salz an den Blütenblätterrändern

Blüte 3

Salz um den Kern

Blüte 4

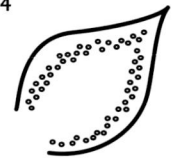

Salz am Blattrand

Schichttechnik – versteckte Konturen

Ziehen Sie mithilfe der Profilleiste mit dem farblosen Konturenmittel im Abstand von 15 cm zum Rand ein inneres Quadrat auf das gespannte Tuch. Danach im Abstand von 12 cm zu dieser Linie zum Tuchrand hin ein weiteres Quadrat ziehen. So entstehen die äußeren Linien der Bordüre. An den Ecken jeweils zwei senkrechte Konturen einfügen, sodass Rechtecke entstehen. So kann die erste Farbschicht gleichmäßig und ohne Ränder und Flecken aufgetragen werden.

Während die Konturen trocknen, die Farbe verdünnen; drei Teile Wasser und ein Teil Farbe. Mit dieser Mischung die Bordüre vollständig ausmalen. Nachdem die Farbe getrocknet ist, nach und nach die Linien für die gewünschten Muster ziehen: Die Konturenlinien für die nächste Farbschicht auftragen, trocknen lassen und die entstandenen Flächen wiederum mit derselben Farbmischung ausmalen. Nach dem Trocknen der Farbe nochmals Linien ziehen. Nun haben Sie die Wahl, die neuen Flächen mit der verdünnten Farbe oder mit konzentrierter Farbe auszumalen.

Nach dem Trocknen das Tuch abspannen, fixieren, die farblosen Konturen ausspülen und das noch feuchte Tuch glatt bügeln.

Nun sind keine Konturenlinien mehr zu sehen – es erscheint Farbe auf Farbe ohne Begrenzungslinien. Wurden in der zweiten Schicht Flächen zu beiden Seiten einer Linie mit Farbe ausgemalt, so erscheint die Linie nach dem Ausspülen in der Farbe der ersten Schicht.

Auf einem aquarellierten Hintergrund lassen sich mit farblosen Konturen Extraflächen wie beispielsweise ein Baum oder ein Haus eingrenzen, deren Konturen nach dem Auswaschen verschwunden sind.

Achtung: Das Verdünnen der Farbe ist unbedingt erforderlich, da die Seidenfasern nur eine begrenzte Anzahl von Pigmenten aufnehmen können. Ist die Pigmentierung zu stark, liegt die Farbe nur auf der Seide und bildet eine klebende und glänzende »Gummischicht«, die sich beim Bügeln wie Radiergummireste abschieben lässt. Außerdem nehmen zu viele Pigmente der Seide den Glanz.

Die Grundierung muss absolut getrocknet sein, bevor Konturen aufgemalt werden, da sie sich ansonsten abzeichnen würden.

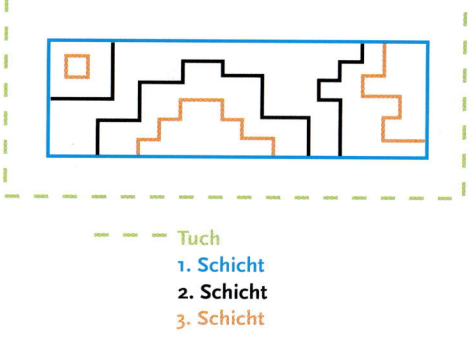

- - - Tuch
1. Schicht
2. Schicht
3. Schicht

Aquarellieren
Schritt für Schritt

AQUARELLBLUMEN

Von links oben nach rechts unten:

1. BILD

Die Abbildung zeigt den ersten Schritt
aller Blüten. Gemalt wird eine Blüte nach
der anderen in folgender Reihenfolge:
Farbe – Wasser – Trocknen!

Malen Sie die Farbpunkte auf die Seide
und wählen Sie die Abstände je nach ge-
wünschter Blütengröße. Anschließend
Wasser in die Farbpunkte setzen – es
treibt die Farbe auseinander und lässt die
kreisförmig angeordneten Punkte zu
Blüten zusammenlaufen. Bei den abgebil-
deten Blüten wurde ein Wattestäbchen als
Wasserträger benutzt. Bei kleineren Farb-
punkten setzt man Wasser mit der Pinselspitze ein. Auf großen Tüchern und
Schals wird die Farbe mit einem großen
Wasserpinsel vertrieben und aufgehellt.

2. BILD

Die Blüten wurden eine nach der anderen
in der Reihenfolge Farbe – Wasser –
Trocknen gemalt. Dann die erste Schicht
der Blätter an die Blüten malen: Die
Pinselspitze an der Blüte aufsetzen und
zur Blattspitze ziehen. So entsteht ein
Blatt, von »dick nach dünn«. Wird das
Blatt umgekehrt gemalt, entsteht keine
schöne Blattspitze.

3. BILD

Die zweite innere Blütenschicht wird
gemalt. Dazu die Farbpunkte in die Nähe
der Blütenmitte setzen und mit Wasser
vertreiben. Trocknen. Eine Blüte nach der
anderen malen. Die zweite Schicht der
Blätter malen. So verteilen, dass sich
kleinteilige Hintergrundflächen bilden.

4. BILD

Zum Schluss die inneren Blütenblätter
malen. Den Hintergrund ausmalen.

Achtung: Bei kleinen Blüten besteht
die Gefahr, dass Sie das Wasser wie eine
»Käseglocke« über die Farbpunkte stülpen.
Dadurch bleibt die Farbe stehen, es laufen
keine Ränder. Kein Wasser auf die noch
feuchten Stege tupfen, da diese sonst
zerstört werden.

AQUARELLLANDSCHAFT MIT BAUM UND SEE

Von links oben nach rechts unten:

1. BILD

Die Seide anfeuchten. Mit Kobaltblau und Pariserblau den Himmel aquarellieren und den Pinsel dabei immer waagerecht führen. An der oberen Bildkante kräftig beginnen und zum Horizont hin heller werden. Weiße Stellen frei lassen oder mit dem Lappen Wolken herauswischen. Die Horizontlinie an den Himmel malen. Dabei mit Tannengrün beginnen, dann Bordeaux mit kleinen, senkrechten Strichen aufsetzen. Mit dem Föhn trocknen.

2. BILD

Auf die trockene Seide unterhalb der Horizontlinie einen Strich mit Tannengrün ziehen. Die untere Kante des noch feuchten Farbstriches sofort mit Wasser übermalen und das Bild bis an die untere Bildkante anfeuchten. Die untere Kante der Farblinie mit dem Pinsel vollständig verwaschen. Die obere Kante verdichtet sich und bildet eine gezackte Pigmentlinie. Die verschwommene Horizontlinie sollte sichtbar bleiben, damit eine Tiefenwirkung entsteht. Wenn Ihnen der Farbverlauf gefällt, die Malerei mit dem Föhn trocknen. Eine zweite Linie Tannengrün auftragen, nach unten verwaschen und in die noch feuchte Fläche Kobaltblau für den See hineinmalen. Diesen an einer Seite flach auslaufen lassen. Mit dem Föhn trocknen.

3. BILD

Mit der Farbe Sand unterhalb des Sees eine Landschaftslinie malen, nach unten auswaschen und trocknen. Für die Baumkrone Tannengrün auf die Seide tupfen. Dabei nicht im Kreis tupfen, sondern kleine und große Farbpunkte unregelmäßig verteilen. In das noch feuchte Tannengrün Maigrün und etwas Wasser malen. Entstehende Ränder nicht verwaschen. Mit dem Föhn trocknen. Die Baumkrone muss bis an die Horizontlinie heranreichen, damit sie nicht wie ein Ballon vom Boden »abhebt«.

4. BILD

Alle Landschaftslinien wie vorher beschrieben nacheinander aufmalen. Dann den Baumstamm unter die Baumkrone malen. An der Krone beginnend zuerst einen dünnen Stamm malen, mit dem Föhn trocknen. Nun vorsichtig den Stamm dicker werden lassen, zwischendurch immer wieder trocknen. Mit einem schwarzen Stoffmalstift die Uferbepflanzung malen. Das Bordeaux mit Aufsetzweiß an mischen und Blüten malen. Mit dem Stoffmalstift waagerechte Schattenlinien an die Uferbepflanzung anbringen und untereinander verbinden.

MATERIAL

Seidenmalsteckrahmen,
Dreizackstifte, Pongé 05,
schwarzer Stift,
Gelb mit Aufsetzweiß oder
weißer Stoffmalfarbe,
Wasserbecher, Lappen,
Wasserpinsel, Marderhaarpinsel
Nr. 6, Föhn,
Farbe: Mittelblau, Pariserblau,
Olivgrün, Dunkelbraun

AQUARELLLANDSCHAFT MIT UFERLINIE

Von links oben nach rechts unten:

1. BILD

Seide anfeuchten. Mit Pariserblau und Mittelblau den Himmel aquarellieren, mit Mittelblau das Wasser im Vordergrund malen. Mit Olivgrün einen Streifen als Uferlinie einziehen. Den grünen Strich unregelmäßig nach oben zur Baumreihe verbreitern.

2. BILD

Einen Wasserstrich über den unteren Teil der Uferlinie ziehen. Die Spiegelung entsteht. Das gesamte Bild mit dem Föhn trocknen.

3. BILD

Auf die getrocknete Uferlinie eine zweite Baumreihe aufmalen und etwas mit Wasser vertreiben. Dabei darauf achten, dass die Spiegelung nicht übermalt wird.

Die erste Farbschicht des Vordergrundes malen. Auch hier einige Stellen mit Wasser aufhellen. Trocknen.

4. BILD

Eine weitere Farbschicht auf die Uferlinie und den Vordergrund auftragen. Kleine Inseln in das Vordergrundwasser malen und vorsichtig die Spiegelungen betonen. Trocknen.

5. BILD

Der Baum (s. Seite 24/25) und die Sträucher werden gemalt. Die Sträucher von den Wurzeln zu den Spitzen malen. Die Wasserinseln werden »bepflanzt«. Auch hier von unten nach oben malen. Trocknen.

6. BILD

Etwas gelbe Farbe mit Aufsetzweiß oder weißer Stoffmalfarbe mischen. Dadurch wird das Gelb auf dem dunklen Hintergrund sichtbar, wenn nun die Blüten aufgemalt werden. Die ersten Punkte trocknen und dann eine zweite Schicht Punkte malen.

Konturentuch mit Schmetterlingen

Technik: Konturentechnik (s. Seite 13–16)

Die Vorzeichnungen zweifach vergrößern, unter die Seide legen und mit dem Phantomstift übertragen. Die großen Schmetterlinge quer in die Ecken und auf die Randmitten setzen. Die kleinen Schmetterlinge zwischen die großen malen. Das Tuch aufspannen und die Vorzeichnungen (ohne Fühler!) mit schwarzer Konturenfarbe nachmalen.

Die Flügelspitzen der Schmetterlinge miteinander verbinden und die unteren Spitzen der Eckschmetterlinge bis auf den Rollsaum ziehen, so können Sie später den Rand leichter einfärben, ohne dass Trockenränder entstehen.

Nach dem Trocknen eine Farbe nach der anderen auftragen. Malen Sie nicht jeden Schmetterling für sich. Beim Einfärben des Randes den gefüllten Pinsel nicht auf dem Rollsaum ansetzen, sondern die Farbe von der Fläche in den Saum ziehen lassen. Gegebenenfalls vorsichtig Farbe auf freie Saumstellen tupfen. Sich abzeichnende Feuchtigkeit mit einem Papiertaschentuch aufnehmen und den Rollsaum ausdrücken, um Rückstöße zu vermeiden (s. Seite 16).

Die Mitte des Tuches zügig mit verdünnter blauer Farbe einstreichen und nicht zu dicht mit Effektsalz bestreuen. Nachdem alles getrocknet ist, das Salz mit einer Pappe zusammenschieben und vom Tuch

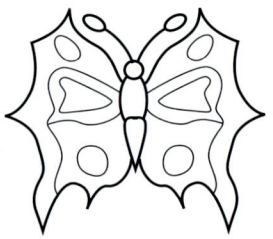

nehmen. Die Fühler mit Konturenfarbe aufmalen und trocknen lassen. Mit Farbe ausmalen. Das Tuch abspannen und fixieren (s. Seite 46).

Beim Abspannen den Rahmen an den Tisch lehnen, damit das Tuch nicht auf eventuell durchgetropfte Farbe auf dem Tisch absinkt und fleckig wird.

TIPP

• Die Verbindungslinien zwischen den Schmetterlingen geschwungen malen.
• Feuchte Seide nachspannen, da sonst Trocknungsstreifen entstehen. In den »Tälern« sammeln sich die Pigmente.
• Eine Randgestaltung kommt beim Tragen eines Tuches besser zur Geltung als eine aufwendige Malerei in der Mitte des Tuches.

Aquarellblumenschals

MATERIAL

Seidenschal Pongé 05
(150 x 45 cm), Seidenspannrahmen,
Spannnadeln, 2 Wasserbecher,
Farbpinsel Ponyhaar Nr. 10 und 14,
Wasserpinsel Nr. 18, Lappen, Föhn,
Farbe: Maigrün, Olivgrün, Reseda,
Orange, Gelb

MATERIAL

Chiffon 03,5 (180 x 45 cm), Seiden-
spannrahmen, Spannnadeln,
2 Wasserbecher, Farbpinsel Nr. 10,
Wasserpinsel Nr. 18, Lappen,
Farbe: Oliv, Ultramarin dunkel,
Karminrot, Sand, Tannengrün,
Schwarz, Maigrün, Gelb

SCHAL RECHTS

Technik: Aquarellblumen (s. Seite 23)

Verteilen Sie die Blüten und Blätter so auf der Fläche, dass sie sich anstoßen. So können Sie den Hintergrund leichter ausmalen. Es wird Blüte für Blüte gearbeitet. Jede einzelne wird sofort mit dem Föhn getrocknet, wenn sie ihre gewünschte Größe erreicht hat. Bei zweifarbigen Blättern zuerst die helle Farbe, dann die dunkle hineinmalen und die Farbübergänge gut verstreichen. Immer vom Blattansatz zur Spitze malen.

Soll der Blütenmittelpunkt eine andere Farbe haben, diese zuerst auftragen oder das Austreiben der Blütenblätter vorzeitig mit dem Föhn stoppen.

Ist der Schal voll »erblüht«, den Hintergrund mit stark verdünnter Farbe ausmalen. Beachten Sie dabei die Regeln zum Ausmalen von Konturen (S. 13–16). Lassen Sie die Farbe an die getrocknete Malerei heranlaufen, tupfen Sie zu viel Feuchtigkeit mit dem Lappen sofort auf. Läuft die Hintergrundfarbe nur leicht über die Blüten und Blätter, stört es die Optik nicht.

Trocknen, abspannen und fixieren wie auf Seite 46 beschrieben.

SCHAL LINKS

Technik: Freies Malen, Nass an Nass, Nass auf Trocken (s. Seite 10–12)

Den Schal auf den Rahmen spannen. Sind keine 180 cm Rahmenleisten erhältlich, kann der Schal auch in Etappen bemalt werden. Dazu das Tuch nach der Bemalung der ersten Hälfte umspannen.

Malen Sie abwechselnd mit Wasser und Farbe. Nicht den ganzen Schal befeuchten, sondern das Wasser nur partienweise nach Bedarf einsetzen. Es sollen von Beginn an Ränder entstehen. Da Chiffon ein sehr transparentes Gewebe mit weiten Fadenabständen ist, fließt die Farbe kaum. Die Farbe »steht« auf der Seide. Um die Leichtigkeit der Malerei zu unterstreichen, belassen Sie weiße Stellen darin. Lassen Sie in grünen Flächen Ränder entstehen, indem Sie in die fast angetrocknete Farbe noch einmal mit Wasser oder einem helleren Grün hineinmalen. Wenn die Blüten trocken sind, die inneren Blütenblätter mit gleicher Farbe aufmalen. Das Gelb betonen.

Malen ohne Rahmen – »Knautschtücher«

MATERIAL

Seidentücher Pongé 08
(90 x 90 cm),
Folie, Klebeband,
5 leere Joghurtbecher,
Wassersprühflasche,
3 Ponyhaarpinsel Nr. 10, Effektsalz,
3 Farben nach Wunsch

Decken Sie die Arbeitsfläche mit Folie ab und fixieren Sie sie mit Klebeband. Die Becher mit der Öffnung nach unten auf die Folie stellen und wie die Fünf auf einem Würfel anordnen. Das trockene Tuch locker über die Becher legen.

Achtung: Ein feuchtes Tuch lässt sich nur schwer über die Becher legen.

Zwischen den Bechern die Seide auf die Unterlage drücken und mit der Wassersprühflasche anfeuchten. Die Seide klebt nun an den Bechern. Mit diesen die Seide im Uhrzeigersinn verdrehen. Mit dem mittleren Becher beginnen. Das Tuch schiebt sich nun zusammen und es bilden sich große Rosetten. Die erste Farbe auf den Becher tupfen, die zweite Farbe an die Becherwand, wiederum die erste Farbe um den Becher herum geben. Die dritte Farbe deckt den Hintergrund ab. Die Hintergrundfarbe auch dann zwischen die Becher tupfen, wenn die Farben der Rosetten sich berühren. Die Musterbildung kann mit aufgestreuten Salzkörnern unterstützt werden. Beachten sie bei der Farbwahl, dass die Farben auf der feuchten Seide ineinander fließen und sich untereinander vermischen.

Variation: Tauchen Sie die Seide in Wasser, drücken Sie sie anschließend aus und legen Sie die feuchte Seide auf die Folie. Schieben Sie das Tuch etwas zusammen und drehen Sie über die ganze Fläche verteilt kleine spitze Hütchen in den Stoff. Tupfen Sie mit dem Pinsel eine Farbe auf das Hütchen, eine Farbe darum herum und setzen Sie die dritte Farbe als Hintergrundfarbe ein.

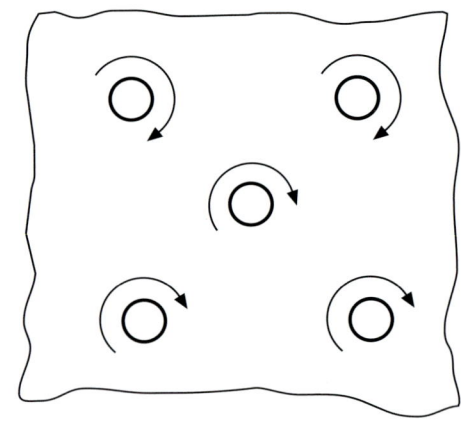

TIPP

• Wollen Sie dünnere Seidentücher in dieser Technik gestalten, verdünnen Sie die Farben, da sonst die Pigmente die Seide verkleben.

• Crêpe de Chine ist besonders gut geeignet für Kleidungsstücke. Das Gewebe hat einen fließenden Fall und ist durch seine matte Oberfläche besonders knitterarm.

Kissen

MATERIAL

KNAUTSCHKISSEN
Seidenkissen Pongé 08 genäht
(40 x 40 cm), Folie,
3 Flachpinsel Nr. 14,
Effektsalz, Klebeband,
Farbe: Türkisblau dunkel, Gelb,
Kobaltblau, Mittelblau

KISSEN MIT GOLDKONTUREN
Seidenkissen Pongé 08 genäht
(40 x 40 cm),
Kissenspannrahmen,
Marderhaarpinsel Nr. 6,
gepresstes, trockenes Ahornblatt,
Goldkontur,
2 Marderhaarpinsel Nr. 6,
Papiertaschentuch,
Farbe: Granatrot, Ultramarin
dunkel, Maigrün, Tannengrün

KISSEN MIT LANDSCHAFT
MATERIAL
Offenes Seidenkissen Pongé 08
(90 x 45 cm),
verstellbarer Seidenmalrahmen,
Dreizackstifte, Flachpinsel Nr. 10,
Wasserpinsel Nr. 20,
2 Wassernäpfe, Lappen, Föhn,
Farbe: Mittelblau, Ultramarin
dunkel, Maigrün, Dunkelgrün,
Sand, Dunkelbraun, Violett rötlich

KNAUTSCHKISSEN

Technik: Malen ohne Rahmen (s. Seite 32)

Arbeitsfläche mit Folie abdecken und festkleben. Das Kissen in Wasser tauchen, ausdrücken und ausgebreitet auf die Folie legen. Die Farben im Wechsel mit den Pinseln diagonal auf die Seide tupfen. Die Farbe durchdringt das Kissen vollständig. Zum Schluss Salzstreifen aufstreuen. Auf der Folie trocknen lassen. Danach das Salz abstreifen und das Kissen fixieren. Nach dem Fixieren ausspülen und von der linken Seite trocken bügeln.

KISSEN MIT GOLDKONTUREN

Technik: Konturentechnik (s. Seite 14–16)

Das Kissen flach auf die Arbeitsfläche legen und mit einem Kissenspannrahmen spannen. Bei Plastikspannern den Spanner herunterdrücken, sodass er die zu bemalende Seide nicht berührt.

Ein gepresstes Blatt auf das gespannte Kissen legen und mit einer Goldkontur einrahmen. Diesen Vorgang mehrmals wiederholen. Darauf achten, dass sich die gemalten Blätter berühren, damit der Hintergrund streifenfrei ausgemalt werden kann. Nachdem die Kontur getrocknet ist, die Blätter zweifarbig ausmalen. Ein Pinsel pro Farbe erleichtert das Nass-an-Nass-Malen, da das Ausspülen des Pinsels beim Farbwechsel ausbleibt. Sind die Blätter ausgemalt, wird der Hintergrund eingefärbt. Beim Ausmalen der Randflächen die

Feuchtigkeit auf dem Holz des Spann-
rahmens mit dem Papiertaschentuch ab-
tupfen. Die Malerei trocknen lassen, das
gespannte Kissen wenden und den Spanner
auf den Tisch drücken. Die Rückseite
nach Wunsch bemalen.

Achtung: Es darf keine Farbe durch
das Kissen tropfen, deshalb nicht zu nass
malen. Trocknet die bemalte Seide auf
dem Spanner, zeichnet sich ein Pigmentrand ab.

KISSEN MIT LANDSCHAFT
Technik: Aquarelllandschaft mit Baum
(s. Seite 24/25)

Die Seide mit Dreizackstiften auf den
Rahmen spannen. Eine Hälfte des ge-
spannten Kissens mit der Landschaft bemalen. Die zweite Hälfte des Kissens
nach Wunsch einfarbig, mit einer Landschaft oder mit der Salztechnik bemalen.
Nach Beendigung der Malerei das Kissen
abspannen, fixieren und die offenen Seiten
mit der Nähmaschine zusammennähen.

TIPP
Arbeiten Sie mit zwei Wassergläsern:
eines zum Auswaschen der Pinsel und
eines mit klarem Wasser zum Vertreiben
der Farben.

Mikrowellentücher

MATERIAL

Seidentücher Pongé 5 (90 x 90 cm),
Chiffon (90 x 90 cm),
Crêpe Satin 12,5 (55 x 55 cm),
Wasseranschluss, Teller,
Mikrowellendeckel, Pipetten,
Handschuhe, Topflappen,
Wassersprühflasche
Farben: Mittelblau, Enzian,
Türkisblau dunkel (Pongé 5 Tuch),
Gelb, Mittelblau (Chiffon Tuch),
Mittelgelb, Karminrot, Mittelblau
(Crêpe Satin Tuch)

Das Tuch diagonal oder gerade raffen und in sich verdrehen. Halten Sie es unter einen Wasserstrahl und drücken Sie es wieder leicht aus. Legen Sie den »Seidenstrick« schneckenförmig auf einen Teller. Tropfen Sie die Farben mit den Pipetten auf die nasse Seide. Schützen Sie Ihre Hände mit den Handschuhen und drehen Sie die Seide um. Das Tropfen der Farbe wiederholen. Mit der Sprühflasche nochmals Wasser aufsprühen.

Sollen sich die Grundfarben Gelb, Rot und Blau auf der Seide vermischen, verwenden Sie nur wenig Blau oder Rot, da sonst ein hässlicher brauner Mischton entsteht.

Wird zu viel Pigmentfarbe aufgetropft, verklebt die Seide. Um dies zu verhindern, können Sie entweder gleich mit verdünnter Farbe arbeiten oder aber den einzelnen Farben genug Platz zur Ausdehnung beim Besprühen mit Wasser lassen.

Den Teller mit einer Mikrowellenhaube abdecken und bei 600 Watt für zwei Minuten in die Mikrowelle stellen. Unter der Haube bildet sich Wasserdampf, der das vorzeitige Austrocknen der Seide verhindert und bewirkt, dass sich die Farben vermischen. Nach 2 Minuten den Deckel abnehmen und das Tuch in Halbminuten-Intervallen bis zu einer Restfeuchte trocknen.

Achtung: Die Seide verbrennt in der Mikrowelle, wenn sie vollständig trocknet!

Das Seidentuch ausbreiten, trocknen und fixieren (s. Seite 46).

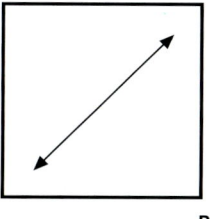 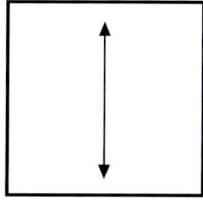

Raffen

als Schnecke auf den Teller legen

Drucken mit Konturenfarben

MATERIAL

Beigefarbenes Seidentuch Pongé 5 (90 x 90 cm), Moosgummistempel Blattform oder gepresste, getrocknete Blätter in verschiedenen Größen, kleine Schwämme, Zeitungspapier, Folie, Dreizackstifte, Teller, Farbe: Konturenfarbe in Gelb, Metallicbraun, Metallicgrün, Metallicrot

Spannen Sie das Seidentuch mit Dreizackstiften auf einen Spannrahmen (s. Seite 8–9). Decken Sie den Arbeitstisch mit Folie ab und legen Sie den Rahmen mit der Seide nach unten darauf, sodass Sie mit den Stempeln fest aufdrücken können.

Achtung: Zeitungspapier ist zum Abdecken des Tisches nicht geeignet, da die Farbe beim Trocknen mit der Zeitung verklebt und das Papier haften bleibt.

Geben Sie eine kleine Menge der Konturenfarben auf den Teller. Füllen Sie gegebenenfalls nach. Lassen Sie zwischen den Farben ausreichend Abstand, sodass Sie genug Platz haben, um die Farbe mit den Schwämmen aufzunehmen.

Zuerst mit dem größten Blatt drucken. Legen Sie es auf Zeitungspapier und tupfen Sie mit den Schwämmen zwei bis drei Farben dünn nebeneinander auf das Blatt. Die gefärbte Seite des Blattes auf die Seide legen. Moosgummiblätter mit den Fingern aufdrücken; über ein getrocknetes Blatt ein Stück Zeitungspapier legen, um ein Verschmieren zu verhindern und dann andrücken. Besonders die Ränder niederdrücken. Die kleinen Blätter werden auch einfarbig abgedruckt. Ein einmal eingefärbtes Blatt mehrmals abdrucken, dadurch entstehen die zarten Abdrücke.

Fixierung: Im Backofen oder bügeln. Bei Bügelfixierung mithilfe eines Tuches bügeln, damit das Bügeleisen nicht anklebt. Wenn die Farben nicht mehr kleben, das Seidentuch ausspülen und noch leicht feucht glatt bügeln.

Da die Metallicfarbe nur hauchdünn aufgedruckt wird, deckt der Metallicglanz nicht. Dadurch wirken die Blätter wie patiniert.

TIPP

Belassen Sie es bei der Randgestaltung, denn die ist es, die sichtbar getragen wird.

Seidenkarten

Technik: Aquarellieren (s. Seite 23–26)

Die Seidenmalereien mit Bügelvlies
verstärken (s. Seite 46). Dadurch lässt sich
der Stoff leichter verkleben und franst
beim Schneiden nicht aus.

Die Malereien mit dem Klebestift hinter
einen Passepartoutausschnitt kleben und
mit dem Einlageblatt abdecken.

Soll die Seide auf einer Doppelkarte
kleben, auf der Rückseite des Bildes den
Bildrand mit Lineal und Bleistift markie-
ren und mit einer Schere zurechtschnei-
den. Mit dem Klebestift auf die Karte
kleben und mit Peel Offs verzieren oder
mit dem Goldstift einrahmen.

TIPPS

• Linke Blüten der Blumenkarte: Die
Tropfen der zweiten Blütenschicht auf die
getrockneten Stege der ersten Blüte
setzen und mit Wasser vertreiben.
Dadurch entsteht ein kurzer Blütensteg
zwischen den langen Stegen.

• Das Blattwerk in mehreren Schichten
malen, mit dem Föhn zwischendurch
trocknen. Mit sehr wenig Farbe im
Pinsel die Blumenstängel ziehen. Dabei
den Pinsel vom Blattwerk zur Blüte
führen.

Achtung: Füllen Sie Farben in einem Farbnapf ab. Geben Sie Reste dieser Farben nach dem Malen nicht in die Farbgläser zurück. Leitungswasser verdirbt die Farben, wenn sie über einen längeren Zeitraum stehen. Schon ein Körnchen Salz kann Farbe für gleichmäßige Farbflächen unbrauchbar machen, es entsteht ein immer währender Salzeffekt. Pinsel, die mit Salz in Berührung gekommen sind, besonders gut auswaschen.

Seiden-schmuck

ZWEITEILIGER SCHMUCKROHLING

Der Rohling besteht aus einer Metallplatine und einer Rückwand mit hochgezogenem Rand. Die Platine wird beidseitig mit Klebefolie bezogen. Den überstehenden Rand der Folie so zurückschneiden, dass der Metallrand der Platine sichtbar bleibt. Die Seide auf die gewölbte Seite kleben und bis auf $1/2$ cm zurückschneiden. Dieser überstehende Seidenrand wird auf die Rückseite der Platine geklebt. Dabei die Seide mit den Fingern von vorne nach hinten faltenfrei über die Kante streichen. Auf die Rückwand des Schmuckrohlings einen dicken Tropfen Alleskleber geben und die bezogene Platine einkleben.

Achtung: Ist der Folienrand nicht richtig zurückgeschnitten oder die Seide nicht faltenfrei über die Kante geklebt, lässt sich die Platine nicht in die Rückwand kleben.

DREITEILIGER SCHMUCKROHLING

Der Rohling besteht aus einer Metallplatine, einer glatten Rückwand und einem extra aufzusetzenden Rand. Die gewölbte Seite der Platine mit Klebefolie beziehen. Die überstehende Folie vollständig bis an die Platine zurückschneiden. Die Seide aufkleben und ebenso zurück-

schneiden. Den Rand über die Platine legen und die Rückwand einlegen. Die kleinen Dorne des Randes biegen Sie über die Rückwand, indem Sie den Schmuck mit der Vorderseite flach auf den Tisch legen und mit einer geschlossenen Schere dagegendrücken. Der Schmuck ist montiert.

Auf dem Foto sehen Sie Kettenanhänger, Broschen, Haarklemme, Ohrringe, Lesezeichen, Schlüsselanhänger.

Zum Beziehen habe ich kleine Aquarelle und mit Salztechnik bemalte Seidenstücke verwendet. Auf der großen Brosche wurden nachträglich kleine Vögel mit dem Signierstift aufgemalt.

Seidenkrawatten

Beim Bemalen sind einige Regeln zu beachten:

• Die Krawatte der Länge nach mit der Vorderseite nach oben auf Zeitungspapier legen.

• Die Vorderseite der Krawatte zuerst bemalen. Die Farbe ca. 1 cm breit auf die Rückseite ziehen lassen. Nach dem Trocknen der Vorderseite die Rückseite von der Mitte beginnend ausmalen. Die Farbe dabei vorsichtig bis an die Farbe der Vorderseite heranziehen lassen.

• Beim Malen den Pinsel nicht fest aufsetzen. Die Seide soll die Farbe »aus dem Pinsel ziehen«, damit das Futter so wenig Farbe wie möglich annimmt.

• Ist die Krawatte sehr nass bemalt, nimmt auch das Futter Farbe auf. Dieses trocknet langsamer als die Seide, gibt wieder Feuchtigkeit ab und es entstehen Flecken.

• Beim Trocknen kann sich die zu nass bemalte Krawatte verziehen.

• Konturenmalereien sind schwer zu kontrollieren. Einen Föhn bereithalten, um den Farbauslauf zu stoppen.

• Werden Konturen um den Krawattenrand gezogen, kann ein Krawattenmalständer das Verwischen der Kontur verhindern.

• Die Krawatte bügeln oder im Backofen fixieren.

• Nach dem Fixieren nicht spülen!

Achtung: Krawatten bei Bedarf reinigen lassen – beim normalen Waschen verziehen sie sich, wenn sie im feuchten Zustand nicht richtig gelegt und gespannt werden. Bei falscher Wäsche kann außerdem der Futterstoff einlaufen.

KRAWATTEN MIT ROTEN/GELBEN BLUMEN:

Zuerst werden die Blüten in Schichttechnik aufgemalt. Zwischen den einzelnen Schichten mit dem Föhn trocknen. Die verbleibenden Zwischenräume mit Schwarz ausmalen. Die Rückseite wie die Vorderseite bemalen.

KRAWATTEN IN ROT/ROSA :

Am breiten Ende der Krawatte mit der Bemalung beginnen. Die Farben wechselnd in verschieden breiten Streifen nass an nass nebeneinander malen. Nach dem Trocknen der Farben die einzelnen Felder mit einer dunkleren Farbe abgrenzen. Dazu einen Pinsel Nr. 4 benutzen. Haben sich beim Trocknen Flecken gebildet, diese durch Farbpunkte abdecken. Die Rückseite einfarbig bemalen.

KRAWATTE MIT SALZTECHNIK:

Am breiten Ende mit Farbstreifen beginnen und das Salz auf die noch feuchte Farbe streuen. Nach dem Trocknen das Salz abbürsten und die Krawatte von der Rückseite mit Saphir bemalen.

BLAU-GRÜNE KRAWATTE:

Mit dem kleinen Pinsel die Farbe im Wechsel auf die Seide punkten, kreisen, stricheln, kringeln. Sowohl nass in nass, als auch nass auf trocken malen, dadurch ergibt sich das Muster. Die Rückseite einfarbig bemalen.

Montage von Bildern

Bilder im Format bis 30 cm werden auf der Rückseite mit einseitig klebendem Bügelvlies verklebt. Legen Sie die Klebeseite des Vlieses auf die linke Seite der Seidenmalerei. Bügeln Sie das Vlies auf Baumwolleinstellung auf die Seide, indem Sie das Eisen nur kurz aufdrücken, bis der Kleber sich mit der Seide verbindet. Drehen Sie danach das Bild um und bügeln Sie die Seide von rechts glatt. Wählen Sie den passenden Rahmen und montieren Sie das Bild hinter den Passepartout-Ausschnitt.

Bilder ab 30 cm auf Lampenschirmfolie kleben. Dazu die Seide fadengerade auf einen Seidenmalrahmen spannen und von hinten die Folie daraufkleben.

Technik: Aquarelllandschaft mit Uferlinie (s. Seite 26)

Fixierung

Backofen

Die Seide als kleines Päckchen in ein großes Handtuch wickeln. Das Fixierpaket auf den Backrost legen. Bei einen Gasherd vorher in Aluminiumfolie einschlagen. Die Fixierzeit beträgt ohne Vorheizzeit ca. 30 Minuten bei 130–150 °C.

Bügeleisen

Die Seide von der linken Seite mit dem Bügeleisen auf Baumwolltemperatur fixieren. Ein 45 x 45 cm Tuch ca. 10 Minuten bügeln.

Nach dem Fixieren die Seide abkühlen lassen und in handwarmem Wasser durchspülen. Salzreste werden dabei ausgespült, farblose Konturen lösen sich auf und durch das Aufstecken entstandene gewellte Ränder werden wieder gerade. Sind farblose Konturen auf der Seide, das Tuch 5–10 Minuten im Wasser einweichen, damit sich die Konturen auflösen. Zwei- bis dreimal durchspülen, in ein Handtuch einschlagen und das Wasser leicht ausdrücken. Anschließend vorsichtig glatt bügeln, um Wellen- und Faltenbildung zu vermeiden. Sieht die Seidenmalerei nach dem Ausspülen und Bügeln »brüchig« aus, war die Fixierung zu kurz oder die Seide ist überfärbt.

Danksagung

Ich danke der Firma Schmidt & Bleicher OHG Marburg für ihre freundliche Unterstützung mit Seidenmaterialien und meinem Mann, der mir bei der Arbeit am Computer mit Rat und Tat zur Seite steht.

Die Deutsche Bibliothek – CIP-Einheitsaufnahme
Ein Titeldatensatz für diese Publikation ist bei Der Deutschen Bibliothek erhältlich.
ISBN 3-332-01278-9

www.dornier-verlage.de
www.urania-ravensburger.de
1. Auflage September 2001
© 2001 Urania Verlag, Berlin
Der Urania Verlag ist ein Unternehmen der Verlagsgruppe Dornier.
Alle Rechte vorbehalten.
Umschlaggestaltung: Behrend & Buchholz, Hamburg
Zeichnungen: Marion Weber (Design); Martin Schulze (Ausführung)
Lektorat: Christina Kruschwitz
Fotos: die licht gestalten, Berlin
Gestaltung und Layout: Berliner Buchwerkstatt, Ulrike Sindlinger / Britta Dieterle
Druck: Messedruck Leipzig GmbH
Printed in Germany

Gedruckt auf alterungsbeständigem Papier mit chlorfrei gebleichtem Zellstoff.

Die Schreibweise entspricht den Regeln der neuen Rechtschreibung.